AF233540

Le Salon d'Automne

INGRES ET MANET

Les organisateurs du *Salon d'Automne* ont fort intrigué l'opinion en plaçant cette exposition sous l'égide de deux Maîtres dont le rapprochement inattendu n'était peut-être pas opportun à cette heure. Ce fut, en effet, un étonnement général de voir Ingres figurer à côté de Manet, mais M. Elie Faure, dans la préface du catalogue, prit soin de nous expliquer ce vis-à-vis. Il s'exprime ainsi : « Le *Salon d'automne* a entrepris de démontrer par ces expositions rétrospectives la légitimité constante de l'effort révolutionnaire pour rejoindre la tradition ». De deux choses l'une : ou « Monsieur Ingres » représente la tradition, ou il est un révolutionnaire. S'il est la tradition, quel est le point de raccord entre son néohellénisme mitigé de vague orientalisme avec Watteau qui est incontestablement, lui, la tradition française? D'autre part, je ne vois pas bien en quoi Ingres fut révolutionnaire et pour justifier cette phrase qui, malgré son intention ambiguë, cache un des axiomes de la vie artistique, je ne vois qu'une explication plausible, la présence du *Bain turc*. Cette toile autour de laquelle on a rassemblé quelques excellents portraits, des crayons minutieux très particuliers à Ingres, des esquisses savoureuses et d'autres toiles de moindre valeur, est, en effet, *par sa composition*, une tentative osée du peintre de l'*Apothéose d'Homère*. Cette toile lui valut, du reste, la désapprobation unanime du public bourgeois, sa clientèle, qui taxa de « sénilité » la seule audace de l'artiste omnipotent contre lequel s'insurgea Delacroix.

Ingres ne peut représenter la tradition que par son dessin si pur, si délicat qu'il s'efface presque aux contours de la forme, et par sa science de la composition qu'il semble avoir résumée dans le *Bain turc*. Mais la révolution de Delacroix, poursuivie par Manet, continuée par les impressionnistes et toute notre peinture moderne, c'est la révolte de la couleur contre les glacis de David et d'Ingres — et la couleur c'est la vie — le combat incessant de la lumière naturelle contre les éclairages d'atelier, le retour à la vie et l'adoration perpétuelle de la nature. D'Ingres à Delacroix, il y a tout un abîme, d'Ingres à Manet, ce sont deux mondes opposés, l'un vivant dans les pénombres intellectuelles, l'autre dressé en pleine lumière dans la vie.

« Monsieur Ingres », ici, n'était pas à sa place.

Manet, ce nom évoque une lutte formidable et rallie à lui toute uue époque. Autour de son nom surgissent aussitôt de remarquables écrivains d'art, tel que M. Duret, des romanciers ardents, tel que Zola, et l'*Œuvre* défend encore cette pure gloire contre les derniers Philistins.

On peut dire de Manet qu'il a ramassé la palette de Delacroix, égarée dans un pré. Jamais il ne nous avait été donné de le juger devant un tel ensemble d'œuvres et l'on s'étonne des luttes épiques engagées autour d'elles.

Mais c'est une mauvaise plaisanterie ! Comment, ces portraits, ces toiles admirables dignes des plus purs chefs-d'œuvre de l'Art, dignes des Vélasquez, des Léonard, des Ribéra, etc., n'ont pas été comprises ? Leçon grandiose que les historiens futurs analyseront et noteront comme le point de départ d'une autre époque et d'une autre esthétique. Ils pourront alors distinguer l'*Art de Musée* et l'*Art réel* et verront dans cette œuvre géniale, le *Jardin à Bellevue*, le résumé prestigieux de toute une technique nouvelle et de toute une nouvelle esthétique.

CARRIÈRE, RENOIR, RAFFAELLI, GUILLAUMIN, CÉZANNE

Ces artistes sont, à des titres divers, les continuateurs de la révolution accomplie par Delacroix et Manet dans le domaine pictural. Tous sont connus du grand public et, sauf Cézanne, ont forcé l'admiration de leurs contemporains.

Cézanne est, à coup sûr, le cas le plus original de la peinture française après Manet. Il a jusqu'à présent le privilège douloureux de n'être compris que d'un petit nombre de lettrés, parce que, comme Manet, il peint pour un autre âge. Certains tableaux de ce dernier, tel l'*Olympia*, révèlent cette inquiétude de la pensée, cette gaucherie du pinceau par lesquelles les artistes scrupuleux marquent toujours leur évolution. Ce qu'il y a de remarquable chez Cézanne, c'est la lutte perpétuelle d'une vision particulière et pour ainsi dire occulte des choses avec son expression colorée. On sent que l'artiste n'est pas absolument maître de son pinceau ou qu'il lui demande trop, car sa pensée, inquiète et absolue, pénètre au delà de la signification objective des êtres où l'expression peut difficilement atteindre. Cézanne reste l'artiste le plus inquiétant de notre époque et, devant ses œuvres, on a l'impression d'un génie captif qui percevrait la réalité des choses à travers le miroir d'une peinture inégale et gauche, à la surface duquel apparaîtrait par moments l'âme universelle, quand celle du spectateur, par une méditation profonde et prolongée, s'est mise en harmonie avec l'émanation occulte de l'œuvre. Cézanne est un artiste qu'il faut étudier dans la solitude du cabinet ou le silence d'une chapelle.

Guillaumin qui fut tant discuté défie brillamment les souvenirs des anciennes batailles et ses paysages, d'une extraordinaire intensité de couleur et de lumière, nous consolent un peu de la mort de Pissarro.

Carrière, Renoir, Raffaëlli, trois noms aimés, trois artistes supérieurement doués qui apportèrent dans la conception de leur art les marques les plus authentiques d'une vie nouvelle.

Avec Carrière et Raffaëlli tout un monde entrait dans la peinture. Avec Renoir le lyrisme sensuel, la *volupté du nu* reprenait ses droits imprescriptibles sur l'académisme inerte et faux de l'Ecole. Ces trois artistes brisaient délibérément les entraves d'un faux traditionnisme pour se réfugier vers la nature et donner à tous les êtres le droit d'existence artistique. Tous trois ils resteront les poètes de notre époque tourmentée et sensuelle. Renoir aura chanté la Chair, la saine sensualité, le chatoiement des formes féminines nues dans la lumière. Carrière aura inscrit notre époque inquiète et redoutable dans l'apparition de ces masques blafards, convulsés, impuissants à se désagréger des ténèbres qui les noient. Raffaëlli se sera fait le poète des chemineaux, des

humbles, des déshérités et aura la gloire d'avoir découvert
la conception d'un art social.

ODILON REDON, GEORGES DESVALLIÈRES, CHÉRET, WILLETTE

MM. Odilon Redon et Georges Desvallières sont des ima-
ginatifs qu'influença Gustave Moreau. Le talent d'Odilon Redon est fait d'un amour étrange pour le symbolisme occulte
et jusque dans le chatoiement des fleurs, il met je ne sais
quel charme vénéneux, quelle attirance de poison caché sous
des gemmes. M. Desvallières expose un portrait de jeune
fille d'un caractère très beau et les illustrations pour *Rolla*.
Je le préfère dans cette adaptation de son talent luxueux à
la volupté inquiète, à la profusion lyrique de l'auteur im-
mortel des *Nuits*. Il semble qu'on entende l'écho des plaintes
qui ont traversé le Romantisme comme la voix désolée d'un
jeune dieu païen.

Chéret, Willette, deux magiciens, deux poètes qui ont
doté leur époque, l'un, des plus extraordinaires fantaisies
décoratives, l'autre, d'œuvres légères et prestes, ironiques
ou tendres, dans lesquelles l'amour a le goût des lèvres d'une
jolie faubourienne. Sans parler de l'œuvre décorative, il faut
regarder l'*Eve* de Willette comme un remarquable morceau
de nu, d'une vigoureuse souplesse. Comme elle chante la
joie de sa chair, de sa volupté insouciante et de sa passion,
cette femme au sourire clair, au torse superbe et tenta-
teur !

Voilà les aînés — je parlerai de Rodin plus loin — ceux
qui prêtent à ce Salon l'autorité de leur nom et le prestige
de leur talent. Derrière eux vient une quantité d'artistes qui,
par une série notoire d'œuvres, mériteraient déjà une étude
approfondie.

Il faut bien le reconnaître, le *Salon d'Automne* groupe
à l'heure actuelle une variété considérable de talents et là,
mieux qu'aux *Indépendants*, mais pour d'autres causes, se
justifie l'effort prodigieux de la peinture moderne. Cette
exposition présage un bel avenir, une émulation formidable,
et je crois deviner que de ce groupement sortiront des talents qui dépasseront leurs aînés. Il y a chez certains un
sens extraordinaire des réalités et des correspondances naturelles, une maîtrise déjà qui mènera plus loin l'œuvre
d'art.

L'affluence des étrangers qui apportent une vision autre, la comparaison de leurs œuvres et des nôtres feront jaillir des sources nouvelles d'expression. A ce point de vue et par les affinités électives des principaux groupes, ce Salon marquera un pas décisif dans l'évolution picturale moderne.

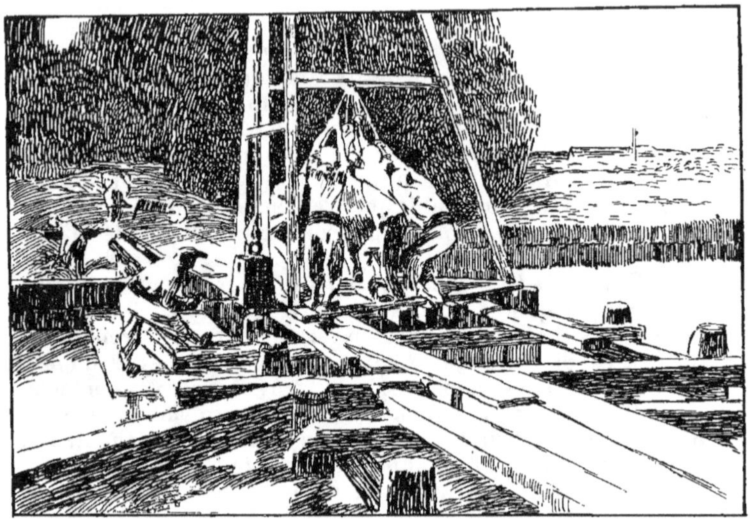

Le « Mouton » par Le Petit.

PEINTURE DÉCORATIVE

« Le *Salon d'automne* a supprimé les catégories desséchantes. Le « genre » ici est inconnu, c'est l'ordre confus de la vie ». Ainsi, s'exprime M. Elie Faure et je suis parfaitement de son avis. Mais pour rendre compte des différentes manières par lesquelles tous ces artistes traduisent la vie, pour essayer de coordonner la profusion des scènes, de noter les préférences de certains, je me résous à les classer sous les différents genres admis. Je formule aussitôt une réserve. Tel portrait donnera du caractère à tel intérieur, comme tel paysage fera d'un groupe une vision décorative. La limitation des genres n'existe précisément pas ici et c'est le signe d'une nouvelle orientation. Un autre plus manifeste est une tendance marquée pour la peinture décorative.

Dans ce genre, MM. Vuillard, d'Espagnat, Charles Guérin font preuve d'une variété et d'une force incontestables.

M. Vuillard n'avait pas encore exposé une série d'œuvres aussi décisives, quoique ces toiles fussent d'un âge respectable. Ces *Panneaux décoratifs* qui interprètent des intérieurs ou des paysages, ont le souci constant de ne pas figer la vie dans l'irréel décoratif et y réussissent. Les êtres, leur accoutrement, le décor ou le paysage, tout s'harmonise, jusqu'aux ciels dont les nuages ont je ne sais quel reflet d'estampe ancienne.

La *Terrasse à l'italienne* de M. d'Espagnat est une toile curieuse par l'introduction de la composition classique des maîtres italiens dans la vie moderne ou plutôt par la transposition de la vie moderne dans un cadre classique. Je note chez cet artiste, qui n'est pas encore arrivé à l'expression définitive de son coloris, cette tendance maîtresse à la composition et, dans ce sens, il fera non seulement de belles choses mais deviendra peut-être le chef de file de toute une pléïade.

Quel délicieux talent que celui de M. Charles Guérin! *Baigneuses* est une page charmante, une scène exquise dans un paysage de joie et de lumière. La femme, l'amie sans doute, qui reçoit les bijoux des baigneuses, a une figure si tendre, si jolie. *Le gros livre* et *La lettre* sont typiques et quand M. Guérin se sera débarrassé complètement de sa manière de broder les couleurs, il réalisera une œuvre magnifique et sereine, par son sens exact des nuances, l'éclat doux de sa couleur et sa faculté prodigieuse de voir les scènes de la vie sous un aspect décoratif.

Sous un angle original et avec une égale variété, M. Bussy nous donne une impression très neuve. Ce portrait de *Mme B...*, où le grand chapeau noir fait tache et donne au tableau toute sa signification décorative, procède de la même conception que le *Lac dans la montagne*. Je louerai toujours un artiste de donner, avec le minimum de couleur, le maximum d'impression. Tel est ce paysage composé d'un flanc de montagne où les sapins noirs brodent la verdure sombre au milieu de laquelle une loque d'azur semble tombée du ciel.

Je reprocherai à M. Xavier Roussel la broderie des couleurs comme dans *Nymphes*, très curieuses cependant, mais la profusion majestueuse des verdures donne une beauté très réelle à son *panneau décoratif*. Le *Printemps* de Mme Marval est un pendant à son *Automne* du salon des *Indépendants*, mais qu'elle se méfie d'une facilité mièvre d'où s'écarte l'étude. Quant aux *Courses* de M. Boutet de Monvel, on leur reprochera le défaut d'incohérence et de fragmentation papillotante des couleurs. Il est évident que M. Dusouchet a réalisé une œuvre très décorative dans *Flore*, malgré la couleur bois de sa déesse. Avec un peu plus d'aération dans les choses il peindra d'excellentes « natures mortes ». M. Louis Süe, à qui l'on reproche prématurément de copier Charles Guérin, a le sens décoratif et le traduit superbement dans l'*Age d'or*. Qu'il simplifie et allège sa couleur, il obtiendra l'harmonie simple que l'on remarque dans *Tête de femme*. L'art de M. Kandinsky est essentiellement germanique. Par de simples contrastes, des noirs, des blancs ou des verts, il campe êtres et choses avec un relief inoubliable, fait grouiller les foules et obtient des synthèses surprenantes.

PAYSAGE

Le paysage est abondamment représenté au *Salon d'Automne*, et si j'ai, pour l'exposition des *Indépendants*, ménagé mon admiration à M. Valtat, je la lui restitue entière pour les trois belles et fortes œuvres qu'il expose. Ces deux *Marines* et ce *Paysage d'Antéor* donnent une haute idée de ce talent impétueux qui sait, avec une profusion de coloris, évoquer les rivages agités et les rochers frustes d'Antéor. Un *Portrait de femme* et un *Intérieur* requièrent doublement l'attention par la douceur et l'intimité qui s'en dégagent.

L'art de M. Maufra, large, ample et profond, se manifeste dans une toile qui est tout simplement une très belle œuvre. L'*Avant-port du Havre* (1067) avec ses grisailles infinies, la fluidité de ses eaux et le grouillement des mâts qu'enguirlandent les fumées, dénote en M. Mautra un poète intense chez qui toutes les harmonies naturelles se transposent en sonorités de couleurs. M. Diriks interprète brillamment les

Côtes du Finistère et ces remous colorés des eaux battant le roc synthétisent admirablement la richesse somptueuse de sa palette.

M. Henry Moret sait dire la poésie violente et âpre des côtes bretonnes et des landes du Finistère, malgré les influences dont il reste le prisonnier. Il est avec MM. Loiseau et Le Beau un des continuateurs des grands impressionnistes, mais tous trois manquent un peu d'originalité.

On remarque du reste une certaine hésitation parmi ces paysagistes et la forte poussée impressionniste les a trop influencés. Ils furent éblouis par les œuvres de Monet, de Pissarro, de Sisley, et n'ont pas encore eu le temps de se reprendre. Tels sont MM. Roussel-Masure, Gabriel Rousseau, chez qui l'influence de Pissarro prédomine, Dezaunay qui expose cependant deux excellents portraits, Le Bail, dont la clarté bleuâtre est trop superficielle.

D'autres rappellent des manières déjà vues et dont il serait aisé de trouver les filiations. Tels sont les broderies gemmées de M. Franz-Namur, les brochages faciles de M. Ranft qui fera bien de ne pas s'y attarder, les vagues si particulières à Millet de M. Palézieux, les cieux enflammés de M. Peccate, l'art trop brillant de M. Tencate, les essais informes de M. Henri Matisse, qui peut avoir énormément de talent, mais qu'on a relégués avec juste raison dans la salle des incohérents. Qu'on laisse ces études d'harmonie — puisque harmonie il y a — dans la solitude studieuse de l'atelier ; un Salon n'est pas fait pour expliquer aux profanes les subtilités chromatiques du coloris.

Pour ma part je n'encouragerai pas les synthèses de M. Vernet dont les paysages semblent bouleversés par un cyclone.

M. Barau peint au contraire avec robustesse et largeur, ainsi que MM. Madeline et Deborne. Deux peintres aisés, clairs et nuancés, sont : Mme Aguttes, dont les œuvres ont un aspect diaphane d'aquarelle, M. Allard, qui expose trois paysages d'étude sérieuse et approfondie.

Le même sentiment de justesse se remarque chez les peintres suivants, que l'on devine en contact direct avec la nature, sans le prisme déformateur de l'éducation ou des préférences. Ce sont MM. Fountaine qui donne une profonde impression de solitude au *Soir*, Ede Vipont, P. Vuibert et Mme Gautier pour leur facture nette et solide, Deconchy qui peint la lisière d'un bois, Fernand Lambert, Grosjean dont j'aime beaucoup le charme décoratif imprévu, Camouin,

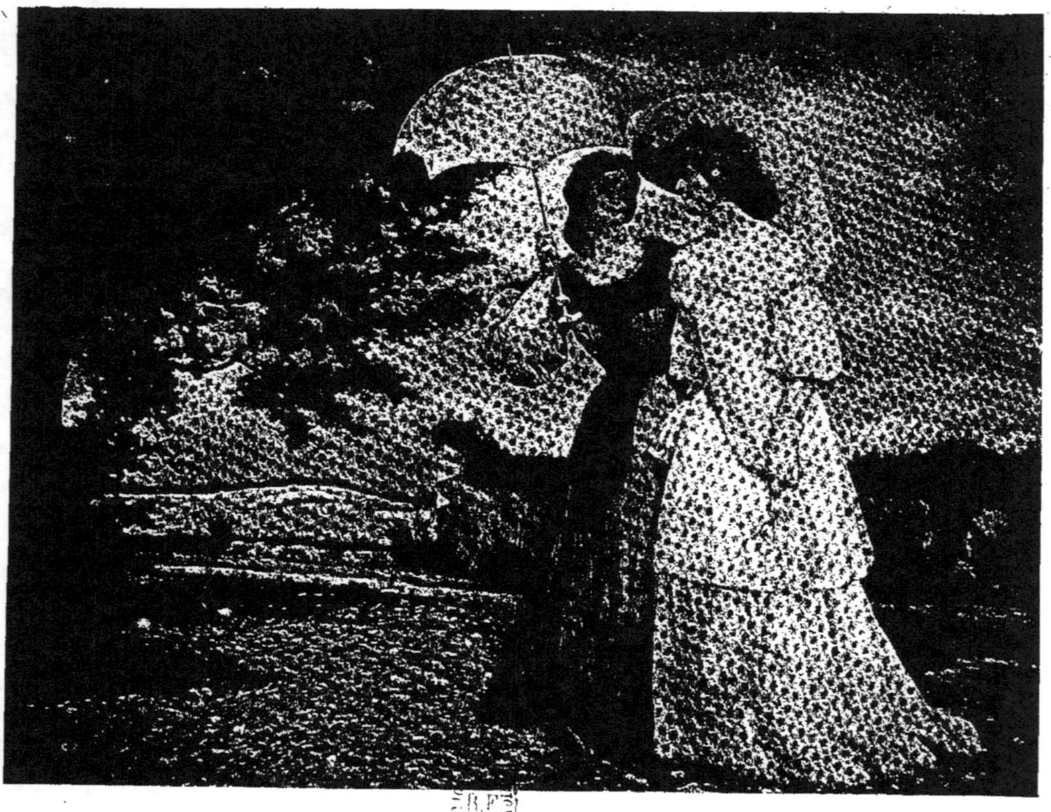

Un jour d'été, par Félix Borchardt.

Moreau-Mélaton dont les fluidités tendent à devenir du poncif, Wilder à qui l'on souhaiterait plus d'harmonie, Bourgeois qui expose une exquise *Lande dorée*.

J'admire entièrement le *Paysage nivernais* de M. de la Villéon, rempli de soleil et d'air, où les verdures et les eaux s'égaient dans une lumière claire et douce, les envois si prestement enlevés de M. Ulmann.

Par contre, les harmonies savantes et composées de MM. Osbert et Morisset révèlent trop d'apprêt. A côté de ces œuvres qui ont leur valeur décorative, je préfère me replonger dans l'art si profond, si fin, si vrai de M. Francis Jourdain qui se montre le plus personnel des jeune paysagistes du *Salon d'Automne*. Une vision calme et réfléchie en qui se résorbent toutes les subtilités d'une âme de poète, desservie par une palette discrète et harmonieuse, tel est l'art de ce peintre qui se classera hors pair dans quelques années.

J'oubliais les harmonies somptueuses de M. Dufrénoy qui manque peut-être de cette unité d'impression dont l'absence partielle se révèle aussi chez M. Eliot. Je louerai sans restriction les lumineuses atmosphères de M. Buysse, délicat visionnaire des symphonies solaires, l'art robuste, souple et nuancé de MM. Berthoud, Tarkoff et Chigot, les visions décoratives de M. Charles Lacoste, la saine beauté des paysages de M. Lopisgich, les délicats tableautins de Venise de M. J. Morrice, *La Marne* et *Sous Bois* de M. Lebasque dont je me plais à souligner les rares qualités de coloris.

La neige et le paysage d'hiver trouvent deux excellents interprètes en MM. Frechon et Simon, et je me borne à signaler deux jeunes talents qui contiennent mieux que des promesses, MM. Silice et Deville. Ces deux artistes ont une vision tout à fait nette, exempte de recherche et de réminiscences; leurs envois sont les prémisses certaines d'une belle et noble carrière.

PORTRAIT ET NU

D'aussi loin qu'on aperçoit le tableau de M. Borchardt, *Un Jour d'Eté*, on est attiré vers lui par je ne sais quelle harmonie profonde et quelle grâce suprême de style. Sur un talus d'inclinaison légère, deux femmes, l'une en blanc, l'autre en violet, vont en devisant, protégées du soleil par une ombrelle, vers un arbre dont l'ombre bleue arrive presque à leurs pieds ; dans le fond la campagne. Les précédentes œuvres de M. Borchardt ont montré sa parenté avec les vieux maîtres et par quelle simplicité presque archaïque il arrive à donner grande allure à ses œuvres. Celle-ci dégage un charme indéniable et serein ; les deux personnes, d'une grâce un peu lourde, vivent si fortement dans l'air tiède et la lumière, qu'on a l'impression d'écouter auprès d'elles leurs confidences et de goûter avec elles la joie magnifique de l'été.

M. Vallotton, dont l'art est si probe, si étudié, semble vouloir s'attarder dans des ombres noirâtres qui paralysent les formes nues dans lesquelles il se complait. Les corps sont vrais, les faces de ses portraits bien modernes dans leur vulgarité, mais cette fausse couleur ne doit être que l'excuse de l'étude si ardue du nu ; j'espère que M. Vallotton ne s'y entêtera pas, car il est excellemment doué. Son sens décoratif apparaît dans deux paysages où, parmi les genêts d'or sur lesquels tremblotent les lueurs de couchants mythologiques, courent des nymphes et des œgipans emportés par le désir violent du rut qui émane des herbes odoriférantes.

M. Baignières est violent, au contraire, par excès de coloris qui dénote une âpre recherche et fait ressortir la robustesse des charpentes nues qu'il aime. Voilà, certes, un bel artiste sur les petits défauts duquel il faut glisser car on sent en lui la force mâle d'un talent qui s'assouplit déjà dans ce ravissant *Portrait de M*ᵐᵉ *L. V.*, un pastel il est vrai.

Comme ces jeunes peintres du nu ont bien compris la leçon de Renoir et la vibration des épidermes dans les lueurs changeantes des chambres ou du plein air. Voici M. Bonnard, peintre très doué, qui expose *Sommeil.* Cette femme nue allongée sur le ventre, dans une attitude de repos voluptueux et dont la croupe semble frémir sous les caresses tièdes de la lumière, est un morceau ample et beau. M. Hermann-Paul se repose de ses âpres satires sociales dans la peinture de portraits exacts dont les physionomies sont un peu trop simples de coloris. Je sais, M. Hermann-Paul cherche sa vraie couleur et la trouvera. Quelle magicienne que Mlle Dufau ! Par des courbes de nuques éblouies, une couleur agréable, chaude et veloutée, elle réalise des portraits délicieux. Elle semble avoir dédaigné l'ambre ancien, un peu décoratif, pour une carnation fluide et moins poncive. M. Lavery a mis dans sa première communiante, *Eileen*, une sorte de noblesse mélancolique inquiète très particulière, et M. Guirand de Scévola semble idéaliser, épurer l'humanité de ses modèles jusqu'au mystère des évocations, charmantes du reste. M. Bunny aborde le portrait sans grande conviction, je crois, mais j'apprécie beaucoup la composition et le coloris de sa toile décorative *Les Heures*, qui ne ferait pas mauvaise figure à côté de certains trumeaux du XVIIIe siècle. M. Bunny n'a qu'un écueil à éviter, celui de l'assimilation facile dont il est supérieurement doué.

Mlle Bermond, qui semble avoir hérité des carnations fluides de Berthe Morizot, en pétrit la chair de ses nus, et son panneau décoratif, malgré l'apparence flottante du paysage, dégage un beau charme païen.

La *Femme à la harpe*, de M. Belleroche, a du caractère, mais sa peinture est moins consistante que ses admirables lithographies. M. Kelly semble marcher vers un avenir rempli de belles et fortes œuvres. Son exposition réclame l'attention et la *Cravate noire*, d'une facture ferme et sobre, révèle de rares qualités de force, presque de maîtrise.

D'excellents portraitistes font aussi l'ornement de ce salon. Il serait trop long de les analyser tous, mais j'essaierai de faire ressortir les principaux avec le caractère qui les met en relief.

M. Mutermilchova, paysagiste de caractère, expose un *portrait de Mme Paul Ford*, très beau, d'une peinture souple et nuancée. MM. Abel Faivre, R. du Gardier, Dupuy et Robert Besnard restent égaux à eux-mêmes, tandis que M. Villon, qui est doué d'une facilité étonnante, semble vouloir se « boldiniser » au point de vue des attitudes. Pourquoi cet air mauvais à ce portrait (1568) en médaillon, d'une allure si désinvolte et d'une grâce légère ? Mlle Delasalle, dont les paysages sont délicatement nuancés, expose un ravissant *portrait d'enfant* ainsi que celui du peintre Désiré-Lucas, de noble caractère.

Je n'aurai garde d'oublier la silhouette bien en relief et en lumière qu'expose Mlle Zuricker, de Mme Henriette Jeanniot *Femme endormie* dont la figure est un peu sombre, les portraits si doux de M. Sternberg-Davids, dont la peinture a le velouté du pastel. Mme Séailles et M. Pierre Martin ont des hésitations et quelques réminiscences heureuses, tandis que M. Tristan Klingsor justifie à souhait l'aphorisme : la critique est aisée... On discute assez volontiers le talent de M. G. Morren, à qui l'on reproche, non sans raison, d'être influencé par Renoir. Il a certainement l'exécution facile, mais il traduit des regards exquis dans d'inoubliables yeux bleus.

MM. Volot, Lozano-Garcia et Nonell offrent un caractère spécial par leur peinture noire et massive. Je soupçonne fort M. Volot de se dédoubler en Pierre et Jacques afin d'occuper une superficie notable de muraille. J'allais oublier l'art délicat et expressif de M. Synave qui sait traduire à merveille les mines ingénues et enchantées des enfants, les sobres et fermes portraits de M. Gumery qui expose aussi un bel *Automne* ensoleillé. A titre de mémoire, je citerai les portraits signés par MM. Georges Redon, Audra qui a du tempérament, Crébassa, au coloris solide, Kissling et Milde, les fortes études de nu par M. O'Connor et les Espagnoles de M. Cardona, que sa couleur sans relief pare d'un aspect décoratif superficiel.

VIE MODERNE

Cette rubrique vague et illimitée ne comporte pas seulement des tableaux de vie, des scènes de genre, mais aussi des types, des expressions de mœurs et des notations sur le vif.

L'Art, ici, n'a plus de catégories parce qu'il est vivant ; ce classement, je le répète, n'est que superficiel.

M. Milcendeau a prouvé qu'il ne cantonnait pas son vigoureux talent dans une répétition de types campagnards, mais qu'il voulait aborder aussi l'élégance contemporaine avec la même sincérité et la même robustesse que l'on sait.

Les recherches de M. P. Albert Laurens montrent que cet artiste n'écoute pas la renommée facile qui lui sourirait, mais qu'il veut avant tout rester un peintre personnel. Les cinq silhouettes de femmes qu'il étudie dans des éclairages et des décors divers marquent une âpre volonté de vision sincère et l'harmonie d'un coloris léger vibrant de fines nuances.

M. Truchet est élégant, souple, nerveux, réaliste amoureux des scènes montmartoises, enclin surtout à se classer dans ce genre chic par une vision d'illustrateur. Trop de facilité gâte sa manière brillante, mais s'il vise au grand art qu'il laisse de côté ces joliesses futiles et faciles, ces coloris d'affiches et d'albums galants.

M. Laprade écrit trop avec son pinceau. La génération des jeunes peintres est très littéraire, et cette culture influe beaucoup sur leurs œuvres. M. Laprade semble mettre des phrases dans ses hachures vigoureuses et ses lignes nerveuses par lesquelles il modèle les êtres et les choses. Son coloris, un peu disparate, s'atténue beaucoup de ces développements suggérés par les lignes. La remarque s'applique aussi à M. Georges Rouault qui peint plus avec sa pensée qu'avec ses yeux. Quel monde effrayant il livre à nos méditations ! Tout est heurté, brutal ; les faces, les attitudes se mêlent dans un effroyable cauchemar de vice, de stupre et de prostitution.

Les envois de MM. Lempereur et Piet sont empreints de vie saine et abondante. M. Lempereur n'a pas encore parfaitement condensé son coloris dans l'harmonie de sa vision nette, et il se faut se reculer assez loin de ses toiles pour en saisir la vie grouillante. M. Piet a l'amour des groupes compacts et variés dont il sait fixer les multiples attitudes dans un ensemble harmonieux ; sa manière sobre lui donne beaucoup de charme. M. Maurer, dont on a remarqué d'excellents portraits au dernier salon de la *Nationale*, s'éprend cette fois de la vie folâtre. Le *Bal Bullier* vibre de vie et d'entrain dans des lueurs factices. *Au vestiaire* est une notation vive et décisive, une page menue de cette vie féminine qui en souligne les attitudes surprises et les joliesses.

Parmi ces visionnaires délicats et nuancés des groupes et des foules bigarrées, je me plais à placer M. Sterne qui évoque le *Quatorze Juillet* avec un entrain remarquable. Bal public, foule amusée et dansante qu'éclairent a giorno les lueurs de lanternes vénitiennes. Les idylles ébauchées, les enlacements, les frôlements, tout cela se mêle et s'agite en un coloris vigoureux. Œuvre très belle, d'une observation réelle et agréable qui annonce en cet artiste, avec un remarquable groupe d'*Ouvriers*, mieux que de belles promesses.

M. Prunier est parfaitement original. Il sait mêler si justement le paysage et les personnages que ses tableaux forment des ensembles parfaits d'observation. Qui n'a vu *sur les Fortifs ? A Auteuil le dimanche* est une jolie toile décorative et tout ce monde grouille et s'anime au bord des eaux opaques et bleuâtres de la Seine qui en forme le fond.

M. Martel a envoyé une toile où se révèle, certes, l'éducation artistique du jeune peintre, mais qui dénote un véritable tempérament. *Le Café des Sœurs Athanase* pourrait bien le placer en vue par son observation stricte, sa franche allure, son coloris sobre et ferme, son réalisme de bon aloi. Voilà un jeune artiste dont on peut attendre beaucoup.

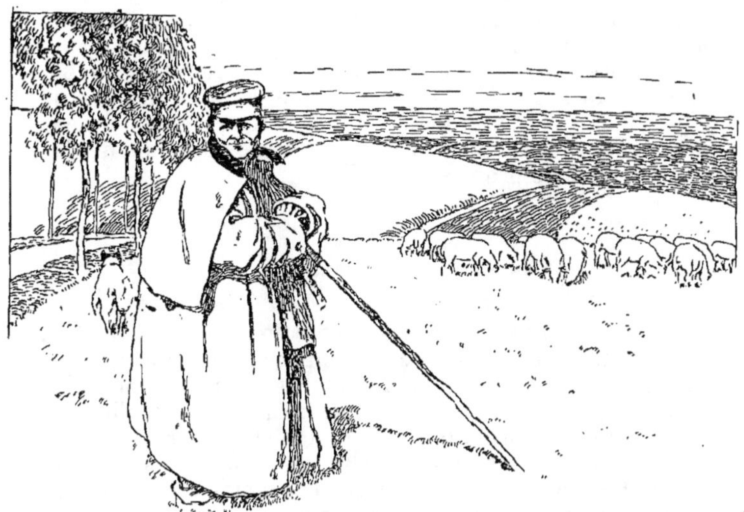

Le Berger, par Le Petit.

M. Ibels a fait, je pense, œuvre d'illustrateur et on pourrait facilement mettre d'autres légendes à ses deux tableaux d'un coloris trop froid. M. Le Petit observe avec justesse, peint avec sobriété, presque avec sécheresse. Sa vision reste parmi les humbles, *le Berger*, le *Mouton*, groupe vigoureux d'ouvriers sur un chenal aux claires couleurs de ciel et de moires vertes. M. Braut, qui brosse avec chaleur une *Elude de nu*, évoque le *Parc Monceau* en une série de toiles colorées, d'une facture large et aisée, où les feuillages massifs encadrent des groupes pittoresques.

M. Sickert cherche évidemment sa voie et, dans ces notations subtiles de types, évoque tout un exotisme bizarre.

MM. Picard-Ledoux et Bracquemond restent un peu influencés et M. Sunyer ne manque pas d'observation et d'entrain, quoique indécis dans l'expression.

Je retrouve avec plaisir les souplesses délicates de Mlle Gobillard dans *Robe de bal* et je cite M. Halpert pour le mouvement si naturel du *Fumeur*, M. Montigny qui évoque avec profusion de coloris un *Matin de septembre*, M. Borissoff, M. Iturrino dont *Herradero* groupe de belles Espagnoles aux châles surchargés d'arabesques fleuries. M. Braquaval expose une série de *Marchés* d'une minutieuse observation et remarqués dans une précédente exposition particulière. M. Suréda continue à noter les mœurs algériennes et je termine par deux artistes, Mme Dannenberg et M. Bréal dont il serait ingrat de ne pas souligner les envois pleins de promesses.

INTÉRIEURS, NATURES MORTES

M. Henri Déziré n'avait pas encore donné une affirmation anssi catégorique de son talent comme par ces trois natures mortes qui le classent définitivement parmi les premiers jeunes peintres de ce temps. Quelle douceur, quelle harmonie dans ces carnations légères de fleurs, d'oranges et de porcelaines, où les fluidités diaphanes des cristaux, les reflets des meubles et des intérieurs se marient si précieusement aux langueurs des fleurs agonisant dans les vases.

Dans une note plus sombre et des nuances plus compactes, M. Albert André peint avec charme des intérieurs qu'animent des silhouettes de femmes. Je le rapprocherai de M. Durenne qui est très en progrès, mais dont les *Intérieurs* sont un peu indécis.

Deux sobres et clairs talents sont MM. René Prath et Marinot. M. Prath a la vision nette, le coloris harmonieux ; *la Desserte* est un très beau morceau. M. Marinot ne donne pas assez d'aération aux choses, mais il colore hardiment et avec justesse les objets.

Les *Intérieurs* de Mlle Sands sont minutieux, grisâtres et requièrent l'attention ; celui de Mlle Sainsère rempli de reflets blonds. Mme Gilliard, au contraire, peint avec fougue et une certaine violence qui n'est pas sans charme et sans dénoter un tempérament qui s'harmonisera sous peu.

Notons aussi l'observation brutale de M. Gamble, la *nature morte* légère et aérée de M. Dusouchet, les *hortensias fanés* de M. Kunwald, les fruits, fort en couleurs, de M. de Peské et les envois de M. Dupont qui promet beaucoup et dont ce paysage, l'*Ecluse de la Monnaie*, dénote un sens aigu des harmonies et des nuances.

SCULPTURE

Le Comité du *Salon d'automne* a eu le bon goût de placer Rodin à la présidence d'honneur à côté de Carrière. Cet artiste surprenant, dont on ne cessera d'exalter le génie, est ici à sa place, par son amour de la vie, sa perpétuelle ascension vers l'art magnifique et souverain. Derrière lui vient toute la pléïade d'artistes qu'il a su initier aux profondes beautés de la statuaire: MM. Bourdelle, dont on connaît les amples productions, Halou qui expose un torse remarquable, Mlle Claudel dont l'*Abandon* est une très belle œuvre. Parmi les autres sculpteurs nous mentionnerons plus spécialement M. Hœtger, dont le *Torse de femme*, en bronze, est si puissant; M. Fix-Masseau, d'un réalisme particulièrement savoureux; la massive nudité de *Femme*, par M. Maillol dont la robustesse un peu lourde s'allégera; la *Louise Michel*, de M. Derré; *Femme couchée*, de Mlle Diéterle; le groupe charmant de Mme Besnard; *les Bas*, de Mlle Serruys; *Verlaine*, de M. Niederhausern-Rodo; le *Maxime Gorki*, de M. Soudbinine; les animaux nerveux et souples, de M. Bugatti.

Je suis heureux de remarquer chez certains sculpteurs leur préférence pour la statuette décorative et familière. Dans cette notation de types je louerai les envois de M. Arnold, d'une observation si moderne; les statuettes prestes et bien campées de M. Pérelmagne; les silhouettes, de Mme Rambosson; les enfants de M. Lovatelli et le groupe si joli, si vivant de M. Blanc : *A Mabille*.

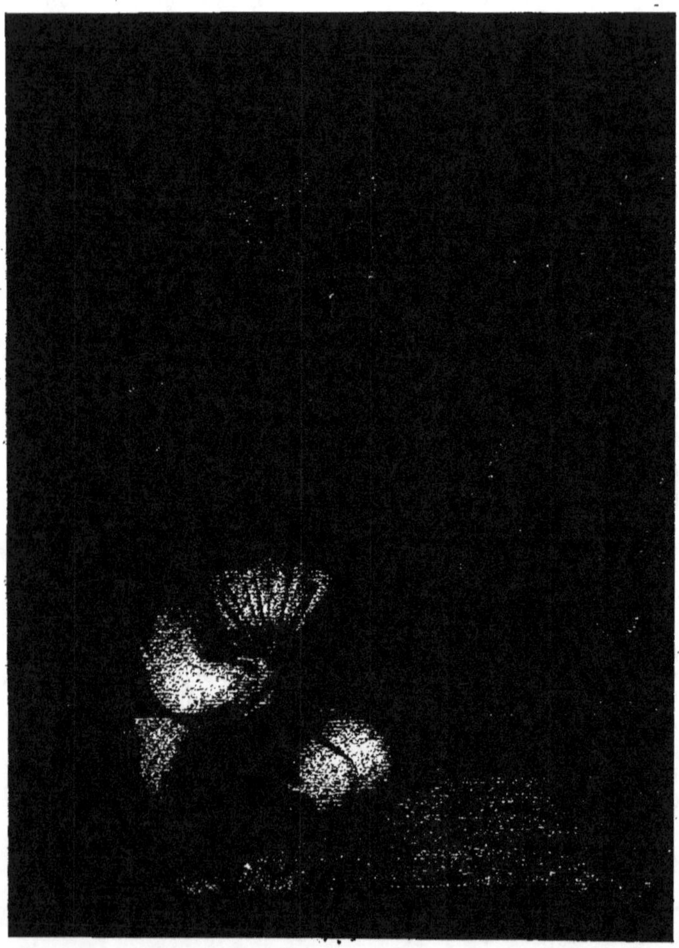

L'AME JAPONAISE, par Félix Régamey.

DESSIN, GRAVURE, ART DÉCORATIF

Nous pouvons dire que toute notre époque est inscrite en notations rapides et vigoureuses dans un nombre incalculable de dessins, de gravures, d'eaux-fortes, de lithographies, etc. Les autres salons nous en offrent chaque année des spécimens nombreux, et le *Salon d'automne* continue la tradition.

Voici MM. Dethomas, tout à fait remarquable par sa sobriété et sa justesse d'observation ; Manuel-Robbe, toujours savoureux ; Pierre Vibert, d'une égale maîtrise ; Rassenfosse, Sprinkmann, les traits souples de M. Zak, les *Nocturnes* drôles, de M. Philippe Martin, la *Femme qui rit*, de M. Markous ; MM. Vély et Cauvy, les panneaux décoratifs de M. Bigot, etc.

D'autres noms se pressent sous ma plume : Mlle Adour dont les essais sont remarquables. Mlle Carpentier dont j'ai signalé à la *Nationale* l'art très personnel ; les portraits de M. Picard-Ledoux ; les types de M. Ricardo Florès ; *Repos* de M. Trigoulet ; les envois de MM. Roux-Champion, Mengen, Simon, Toussaint, Naudin, Mme Krouglicoff, les crayons de Mlle Loy, les gravures sur bois de M. Paul Colin et les exquises miniatures de Mme Van Bever.

Je signalerai plus particulièrement les gravures de M. Lefèvre-Wilhem parmi lesquelles j'ai remarqué une interprétation originale de *Léda*.

Terminons par cette exposition du livre où des éditeurs d'art très avisés, tel que M. Pelletan, ont envoyé des œuvres d'une exécution magistrale, confiée à des illustrateurs qui font depuis longtemps le régal des lettrés et des amateurs.

Octobre 1905.

J.-C. HOLL

CHRONIQUE DU MOIS

Supplément aux Cahiers d'Art et de Littérature

L'AME JAPONAISE

par Félix Régamey

La formidable épopée qui eut pour cadre les plaines de Mandchourie et qui força l'admiration du monde entier pour le Japon, eut le double avantage de nous révéler un pays que nous connaissions mal et que des voyageurs superficiels eurent le tort de nous représenter comme le « royaume du grotesque ».

Ainsi l'appelle Paul Bonnetain, dans un curieux article paru en 1886 et intitulé : *La Mort du Japon*. Ce remarquable écrivain, qui nous laissa des contes exquis, qui fut doué d'une sensibilité extraordinaire desservie par une langue imagée, claire et harmonieuse, fut un mauvais prophète. Il s'exprime ainsi :

« Le Japonais, asiatique enfantin et simiesque, a oublié ses anciens projets d'emprunter sa science à l'Europe pour mettre les Européens à la porte et redevenir maître chez lui. Il se laisse mener et, réconcilié avec le spectre chinois, fait le jeu des Anglais par peur du spectre russe ».

Les faits ont démenti ce jugement.

D'autres écrivains sont venus, voyageurs amusés par le pittoresque et soucieux de poser devant la galerie française. Loti, surtout, ridiculisa ce peuple ardent aux conquêtes et à la gloire. Mais parmi l'effervescence que suscita le drame russo-japonais, des correspondants de guerre, comme Ludovic Naudeau, durent convenir qu'on les avait trompés. De là un revirement complet dans l'opinion. M. Félix Régamey, qui publia jadis des livres sincères sur le Japon, livres qu'on négligea parce qu'ils dénotaient une sympathie raisonnée pour ce peuple, écrivit dernièrement dans le *Mercure de France* un remarquable article qui fit le tour de la presse française et étrangère : *Les Responsables*.

Lisez-le, vous comprendrez ce que l'on cache à l'opinion, les influences occultes qui dominent la diplomatie européenne, et vous verrez sous un jour étrange des choses que vous ne vous expliquiez pas. M. Régamey, qui a vécu de longues années au Japon, était tout qualifié, ce me semble, pour en parler ; à son expérience, notre nation frivole et superficielle préféra les fantaisies d'un marin qui signe ces lignes idéalement grotesques : « Combien je regrette, mon Dieu ! de m'être fourvoyé dans cette voiture du peuple ! »

Cette voiture est un tramway où M. Loti monte pour la première fois. « On se l'imagine, commente M. Régamey, tamponnant son mouchoir sous son nez d'aristocrate, — alias Raphaël Viau — pour combattre les « déplaisantes odeurs d'huile de camélia rancie de bête fauve, de race jaune » ! Passons. L'heure est au Japon ; les années qui vont suivre seront consacrées à son étude sincère et nous allons nous pénétrer des vertus héroïques dont nous avons eu tant d'exemples en cette guerre.

La gravure que nous avons la bonne fortune de publier représente une scène historique qui met en lumière l'âme japonaise, ce patriotisme farouche qui fut sa grandeur et le secret de ses victoires.

« La princesse Saga resta veuve avec cinq fils. Quatre sont allés se battre en Mandchourie où deux sont morts. Le cinquième, resté seul avec sa mère, attendait avec impatience le moment de partir à son tour. Mais la guerre est finie. La princesse et son fils, en leurs blancs vêtements de deuil, sont plongés dans l'affliction ».

Cette vertu antique est d'une admirable grandeur. On comprend pourquoi le Japon fut victorieux.

J.-C. H.

LES LIVRES

De Watteau à Whistler, par Camille Mauclair (Fasquelle).

Camille Mauclair écrit dans une langue souple, imagée et nerveuse des pages de critique d'art qui ne sont jamais indifférentes. Il soutient ses thèses avec une documentation nourrie de faits et souligne de traits précis et de réflexions caractéristiques les valeurs de son argumentation.

Ce livre est le reflet de l'âme de M. Mauclair dans les œuvres de qui l'on retrouve la mélancolie altière de Watteau, les lueurs sourdes et le magnétisme intellectuel de Whistler. Watteau et Wistler, deux maîtres aimés qu'il analyse avec passion, pour lesquels il trouve des frères intellectuels qui forment la filiation de ces deux hommes *exceptionnels* qui incarnèrent, l'un « la maladie de l'infini », l'autre « le mystère de la peinture ».
Entre ces deux études, il pousse une charge vigoureuse contre l'École et relie dans une vaste synthèse tous les artistes et les littérateurs qui, par une sensibilité et une formule saines, représentent l'art français, le vrai, celui qui découle des dons magnifiques de notre race : Ce sont Gustave Ricard, Monticelli, l'artiste prestigieux dont la vie ressemble à quelque légende ancienne, Fortuny, Chassériau, etc.

De Profundis, par Oscar Wilde (*Mercure de France*)

On connaît l'aventure pitoyable dans laquelle sombra la gloire mondaine de Wilde et la condamnation qui en fut l'expiation légale. Nous ne nous étendrons donc pas sur les péripéties de ce drame poignant qui bouleversa la vie morale du poète : il nous suffira de noter que ce fut le point de départ d'un autre homme et d'une autre esthéthique. Ces pages admirables, écrites dans la solitude de la prison, sont empreintes d'une humilité si grande et d'une vision si haute sur les choses de ce monde, qu'elles ont la double valeur d'une confession écrite sous la dictée du génie.

Dans la chute irrémédiable qui le livre à la honte publique, Wilde ne se révolta pas, ne s'excusa pas, mais se replia sur lui-même et devint un humble. « Car le secret de la vie, c'est de souffrir. C'est cela qui est caché dans toutes choses. » Il comprit la douleur ; il en connut les amertumes vertigineuses et les joies obscures mais indicibles ; il entrevit qu'elle dominait tout, même l'art, et s'écrie : « Je vois à présent que, la douleur étant la suprême émotion dont l'homme soit capable, elle est à la fois le type et le modèle de tout grand art. »

Ce livre demeure la Bible de ceux qui, épris de Beauté. savent aimer les êtres et contempler les choses à travers la Douleur qui fit crier d'angoisse les grands poètes Léopardi, Musset...

Littérature Japonaise, par W. G. Aston, traduction de Henry. D. Davray (Librairie Armand Collin).

Cet ouvrage vient à son heure. Au moment où le monde occidental reste stupéfié par la prodigieuse supériorité du Japon, l'histoire de sa littérature offre un intérêt de premier ordre. Ce livre se recommande par une érudition aimable et sans sécheresse, par une ampleur remarquable de juge-ments, par la clarté et la méthode nécesssaires aux travaux de ce genre. Félicitons aussi le traducteur, M. Davray. dont la langue claire facilite beaucoup la lecture de ce livre et louons les éditeurs d'offrir au public français cette série d'*Histoires des Littératures* dont ce volume fait partie. C'est au grand public lettré que s'adresse cette collection, et chacun des volumes constitue un travail original et de première main, dû à un auteur désigné par ses travaux antérieurs et par une compétence universellement reconnue.

Memento. — Nous analyserons prochainement **La Joie**, roman par Marcel Batilliat (*Mercure de France*) et l'**Éloge d'Emile Zola**, discours prononcé par Marcel Batilliat à Médan le 1er octobre, au nom de la Jeunesse littéraire fran-çaise (Sansot, éditeur). Signalons un magnifique ouvrage illustré de M. Dathan de Saint-Cyr : **Les Animaux** (Librai-rie Française) ; un livre curieux : **La Cité des Fous**, par Marc Stéphane (Cabinet du Pamphlétaire). **La Tragédie contemporaine**, par Charles Méré, avec une préface remarquable de Paul Mounet (Bibliothèque de *La Chronique*). **L'Incendie du Château de Versailles,** par Martine (Bibliothèque de *La Critique*).

JEAN DE L'ODÉON.

ÉCHOS.

M. Antoine et la Critique dramatique. L'incident Antoine-François de Nion ouvre un débat qu'il serait intéressant de préciser. M. Antoine a d'ailleurs des mots heureux : « Un directeur de théâtre est, aujourd'hui, un industriel ».

Requiesçat ! la critique dramatique est morte, car quelle garantie de sincérité peut exiger le public si le critique a la reconnaissance du ventre... (pardon !) de la loge ou du fauteuil ?

M. Antoine ne se souvient plus, sans doute, de ses débuts, où la critique soutint pour lui le choc formidable des Philistins... et le bombarda vers la gloire. Je sais, M. Antoine brigue les synécures officielles et met beaucoup d'eau dans son vin d'autrefois.

Et il faut vivre, n'est-ce pas. Le commerce est si difficile et la concurrence si grande ! Allons, messieurs les directeurs de théâtre, emboîtez le pas aux éditeurs, faites écrire par des plumitifs de complaisants articles que les journaux inséreront moyennant finances, c'est du bon commerce.

Quant à nous, si nous avons à notre disposition un journal quelconque, nous paierons notre place et aurons le droit de crier sur les toits que votre « bière » est détestable.

LA BAVARDE.

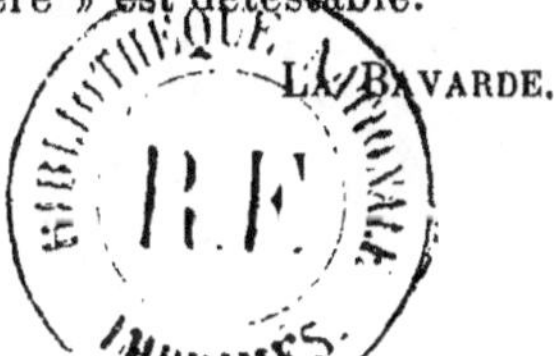

BUZANÇAIS (INDRE), IMPRIMERIE F. DEVERDUN.